Alessio Santella

Venti passi verso te

Indice

Dedico questo testo alla mia famiglia che ogni giorno mi spinge a camminare verso l'infinito, lo dedico a Guido che mi ama incondizionatamente.

Dedico "Venti passi verso te" a Giulia che mi vuole bene dalle scuole medie, a suo fratello Giovanni che anche se non me lo dice tiene a me come se fossi suo fratello gemello.

Scrivo questo testo grazie a Gianluca che mi ha dato la forza di prendere il cellulare in mano per scrivere qualche sfaccettatura della mia vita.

Sopra ogni cosa dedico questo testo alla mia unica vera passione: la musica… che mi da la forza di andare avanti e mi aiuta ad affrontare gli ostacoli di ogni giorno.

Presentazione

"Venti passi verso te" nasce dalla spinta di un amico "musicale" che, leggendo alcuni miei testi di canzoni, si è accorto del mio talento nella scrittura e mi ha dato l'ispirazione nello scrivere questo libro; una ricerca introspettiva di tutte le mie emozioni messe a fuoco, una ad una.

Nasce dalla voglia di fare per essere perché solo facendo si può sperare di diventare qualcuno nella vita.

Avete presente quando le emozioni vi chiamano e voi volete dargli vita?

Ecco per me è come se questo testo mi avesse chiamato dicendomi "dammi forma" e così ho fatto.

La rappresentazione perfetta del fare per essere ciò che la mia anima vuole.

Nasce dall'amore viscerale per Guido,
per tutti i miei amici e per l'amore
incondizionato della mia famiglia che ogni
giorno mi spinge ad essere me stesso verso
ogni persona…

"che mi scorre accanto come una goccia di
lacrima che scorre sul viso"

Cade la neve

Cade bianca, flebile e impaurita
La neve che scende sui tetti argentati
Di un freddo inverno che riscalda il cuore.
Cade la neve senza paura, flebile e con
freddezza
Come a cancellare il calore del cuore che
batte con lei.
Cade la neve e non ha paura.

In ricordo dell'ultima nevicata a Roma, quando si è ricoperta interamente di bianco. E io mi sento un po' come la neve. Elegante e leggiadra.

Questa notte

Ti amo in questa notte tempestosa,
Cade la pioggia, batte dura sulle finestre.
Ti amo come un'anima ama il suo tenero
sentire,
Col sorriso di un pettirosso che d'inverno
vola di cielo in cielo.
Ti amo in questa notte con tutto me stesso
E non ho paura.
Non ho paura di amarti veramente perché
sei ciò che più voglio accanto.

*Dedico questi versi a tutte le persone che hanno
fatto parte del mio cuore che è puro e sincero.*

Mi sciogli

Mi sciogli il cuore ogni momento che mi
guardi
E la tua faccia è il più bel dono ricevuto.
Mi sciogli e ti voglio bene, in ogni istante di
tempo che scorre e scorre... velocemente.
Ho paura di perdermi in te, dentro i tuoi
occhi cerulei come l'acqua del mare.
Mi sciogli e mi divori teneramente come
una foglia che si stacca dall'albero in
autunno.

*Al mio più grande amore che ha risvegliato il cuore
e la mia anima, donandomi sogni e sorrisi. Ti amo.*

Eternamente

Scorri in questo arcobaleno eterno,
Come un fiume si tuffa nel mare,
Eternamente mi fai tremar le gambe
Gioia per il cuore sei.
Scorri come goccia d'amore sul mio viso,
Come parole alla rinfusa per cercare un
senso.
Scorri e rimani mia.
Eternamente.

Al mio primo amore, l'arte della scrittura.

Fuochi d'artificio

Erano belli con te quei fuochi d'artificio,
In quella finestra ove Gallipoli sembrava il paradiso.
E tutto intorno ci amava incondizionatamente,
Due angeli custodi scesi per noi nel sempre.

Al ricordo dell'ultimo giorno a Gallipoli che, soavemente, ha regalato a me e al mio compagno un bellissimo scenario pirotecnico.

Tennis

Ancora splende il gelo di quell'inverno
etereo,
Distesi sul divano, giocando a Tennis come
passatempo,
Capii che era tutto ciò che volevo,
Capii che ciò che più volevo era il tuo cuore
addosso.

Al mio ragazzo, che amo, tanto, al quale faccio giocare a tennis con il mio cellulare.

Musica

Amor proibito e viscerale cuore,
Cruda di passione dentro le mie ossa
risuoni intensamente.
Accendi di ardore la mia anima dannata e
mi fai fumare un sigaro cubano... e un altro
ancora.
E tutto prende forma, trova un delicato
senso,
E mi fai sognar l'eterno e le stagioni, mi fai
vedere scorrere con una carezza.
Fai respirare la mia anima che piange a ogni
tua nota e mi fai vedere il mare.
Me lo fai amare e con passione.
Sei la mia musa sempre da quando ho
tempo e vita,
Sei il mio pane quotidiano di ogni istante
che passa.

---

*Al mio amore per la musica che accompagna la mia
vita da trent'anni.*

Mare

Orizzonte, delfini, stelle marine.
Infinita bellezza.
Mare, odore di mare è la gioia.
Sei il benessere del mio sentire
E l'Unione del mondo.
E tutto echeggia nel cuore perché fai
sognare.
Mare.

---

*Ai sogni che il mare mi regala ogni volta che mi
abbraccia.*

Ho paura

Non ho paura del sole o della luna, ma di
me.
Non ho paura delle stelle o di Marte, ma del
mio cuore.
Ho paura di perderti in infiniti spazi e
delicati momenti passati... e piangere al
risveglio.
Ho paura di sognarti, di ritrovarti in qualche
modo.
Ho paura di poterti parlare nuovamente
E ritrovarti invincibile.
Ho paura delle notti senza stelle, dell'odore
della brace.
Ho paura di respirarti ancora, perché sei
troppo vita per me.

---

*Al mio disturbo di personalità, che non sempre mi
fa vivere momenti sereni. Anzi.*

Ti dedico il silenzio

Ti dedico il silenzio di chi non può parlare.
Il rumore della notte,
Quello delle stelle che cadono soavemente
come sogni passeggeri.
Ti auguro di ascoltare tanta vita e di amarti
tanto
Come ti amo io.

Questa va a chi ama, intensamente e senza regole.

Il mio cuore

Il mio cuore piange d'amore per te,
Si dispera e rimane in silenzio a pensarti
come fossi una canzone.
Piange lacrime d'argento per te senza
riserva alcuna...
Sei tu la cura del mio male.

A una persona conosciuta un giorno e poi sparita,
che mi ha donato l'infinito... emozioni viscerali e
vere. Ogni volta che ci penso scende una lacrima.

Scrivere

Sei come per me è la scrittura,
Sei di getto come i sogni che vedo in ogni
lettera.
Sei mare e tempesta, sogni e incubi che
s'infrangono nell'orizzonte del mio cuore.
Sei il mio scrivere tutto, forza e potenza.

A ciò che provo ogni volta che scrivo qualcosa.

Ti vedo

Di notte appari nella stanza fredda,
Come il mio gatto che mi cerca.
Sei distante e non riesco a toccarti,
Appari e scompari come fossi un gioco che
non voglio fare.
Mi disorienti.
Ti vedo sotto le coperte,
Nei miei sogni,
E in ogni foto che scorre sul mio cellulare.

Quando mi manchi riesci a farmi provare tutto questo.

Battiti bianchi

Battiti d'ala di farfalle bianche che volano
leggiadre per il mondo.
Battiti d'ala di farfalle che cercano i loro fiori
d'amare.
Farfalle bianche che fanno l'amore nel cielo
e sono una poesia.
Farfalle che donano candore e un po' di
malinconia.

---

5 del mattino (estate)

Il fresco che ti coccola il corpo nudo che non
riesce a dormire,
Una zanzara che ti carezza il viso.
La città che lentamente si sveglia e torna a
vivere con l'alba.
Le cicale e i passeri che cantano fuori dalla
stanza.
Tutto che sembra un dipinto di Dio, il sogno
del creato.
E tu vivi, in attesa della vita, alle 5 del
mattino.

---

*A quelle notti estive calde, dove non riesci a dormire
e vuoi sentire gli odori del mondo che si sveglia.*

Ho bisogno

Ho bisogno tu mi dica che mi vuoi bene più
del tuo grande sogno,
Che sono all'altezza di te e del tuo grande
cuore.
Ho bisogno mi tocchi e mi stringi forte a te,
Che mi dica "ci sono amore. Ci sono io
accanto a te".
Ho bisogno di entrarti nel cuore e di
affogare nella tua anima,
Di disegnarti dentro e assaporarti come un
bignè.
Ho bisogno di baciarti e di amarti fino a che
vivrò.
Ho bisogno di te amore mio.
Ho bisogno di te.

---

*A qualsiasi cosa ci fa stare bene e vogliamo
incondizionatamente.*

Delicato

Sei delicato come il tempo che scorre,
Come la panna sulla fragola.
Sei delicato come una carezza di un
bambino,
Come l'amore che esso può provare.
Delicato come il mare che ti cattura e ti
strazia il cuore.
Delicato, come la tua mente.
Delicato come l'amore soave, che fa
piangere di notte.
Sei delicato come l'orizzonte che non mi fa
vedere il mondo.

Al mio cucciolo di cane Lucky.

Ti sento

Scorri nelle vene come un benedetto tango,
Ti sento parte di me.
Ti sento forte come uno tsunami ancorato
sul mio petto.
Ti sento come un calice di vino che appaga il
cuore.
Ti sento scorrere come il sangue e non mi
fai paura.

---

*Al mio piccolo gattino Mio/Leo che da tempo è
sparito e non è più tornato.*

Passione

Vita che pulsa in silenzio,
Sei passione dei miei sensi,
Sei gioia del mio cuore,
Il mio voler sapere quanti giorni ha l'amore.
Sei frutto del peccato primordiale,
Quell'onda che s'infrange silenziosa
con passione su di me.
Sei possente e possiedi me,
Mi fai sentire tuo ogni momento dei nostri
giorni e tutto tace.
E intanto ti amo.

All'amore in generale, ma soprattutto all'amore che vive in me.

Ti ho aspettato sempre

Ho aspettato anni arrivassi nel mio cuore
freddo.
Ogni tanto ti cercavo tra la gente, senza
avere paura.
Mi hai fatto vedere stagioni passare, anni
camminare.
Mi hai donato il dono dell'attesa,
Ma ora che ti ho accanto ne è valsa la pena.

_A te, che ti ho aspettato gli anni, ma che ora mi hai
salvato la vita. Finisco con te, ti amo._

La voce di Valerio

La voce di Valerio mi fa vibrare il cuore,
Di un ricordo ormai passato che incompleto
vive in me.
Il suo sorriso così armonioso, vivo e pieno di
allegria
Mi riporta indietro nel tempo su una
spiaggia di Sperlonga
Che ancora piange il mio ricordo ma arso
vive in me.

---

*Al barista di un bar dove ogni tanto mi reco a bere
qualcosa, che mi ricorda una persona del mio
passato... che nonostante tutto gli voglio ancora
bene.*

Tu

Trepidante di baci sei tu,
Mio tenero panda amabile d'amore,
Che si batte in una guerra di coccole e
conigli
E si trova perso in un mondo dove il cielo
risplende sui tetti delle case.
Tu amore grande come un tenero scoiattolo
in cerca del suo frutto,
Come un aquilone perso su un orizzonte
distante in cerca della libertà.
Tu amore e vita del mio essere eternamente
tuo,
Come sempre rifrangi su di me.

Al mio essere preferito, che ogni giorno mi fa vincere tutte le mie battaglie interiori.

Vuoto a metà

Mi sento fragile,
Vuoto e sterile.
Ammazzato sotto il freddo sole invernale.
Mi sento ordinariamente ordinario.
Incomprensibile.
Inetto e inaffidabile.

Alla paura che questa notte ha preso il sopravvento
e mi disarma.

Più in là

Oltre il cielo io ti amerò sempre,
Rimarrai ciò che m'arde il cuore e lo
disintegra.
Più in là del cosmo e le stelle rimarrai
irraggiungibile,
E io ti amerò lo stesso, come un bambino
che cerca il mare.
Io mi perderò in te sempre

Alla vita che, per quanto a volte possa essere difficile, è e sarà eternamente una e unica.

Ho provato

Ho provato a scriverti perché non riuscivo
più a parlare
E l'aria dalla bocca non usciva più.
Se questa ora è la mia vita voglio sparire
E perdermi nei sogni che allietano il mio
essere speciale.
Se ti scrivo e non ti sento il destino piange.
Azzera il mondo.

---

*A tutte le mancanze che ogni giorno accompagnano
la mia vita.*

Ascoltare gioioso la tua musica,
Sedersi dolcemente su un tavolo in un
ristorante orientale
Assaporando gusti e sapori che coccolano il
cuore.
Tu che mi guardi e io già respiro amore,
Tu mi sorridi io già ti sento dentro di me.
Cercare all'EUR il gradino "sbeccato",
Vivere la notte, facendo le 2 del mattino
Provando emozioni che mai conterranno
l'anima nostra.

Al giorno che mi ha rivoluzionato la vita.

Ragazzo Istanbul - Dedica a me stesso

La gente ti farà sentire diverso, sempre, a
causa dei loro vuoti esistenziali.
Tu sorridigli e ricordati che contieni il mare,
che hai due occhi che sognano talmente
tanto da fare invidia.
Quando la gente ti fa soffrire pensa alla tua
anima così meravigliosa tanto da creare una
magia.
Guardati dentro, Ragazzo Istanbul, hai la
Moschea blu nel cuore... per quanto è bello,
pulito e lucente è in grado di arrivare al
cielo e fondersi con esso.
Pensa ai colori che possiedi, alle tue mani
che ballano all'unisono su una danza
armonica mentre scrivi la tua canzone
migliore.
Le persone sono cattive, vivono di passioni,
ma non ne fanno vita come fai tu.

Alessio sei più del mare, del cielo e le sue stelle, il cosmo ti ama e vali tanto.
Non sporcarti per chi non ti merita, non sa cosa si perde. Non sa ciò che provi, tu vivilo così intensamente fino a starne male.
I tuoi occhi parlano da soli e sono vincenti perché hanno fame di vita... quindi vai, cammina a testa alta ogni giorno della tua vita... perché alla pochezza umana non c'è rimedio.

Ti voglio bene.

A me stesso, che sono la forza vitale che nutre ogni giorno la mia essenza.

La Poesia è Musica

Nascendo come cantautore per me la musica è di vitale importanza, mi ha salvato la vita tante volte. Durante la mia giovane "carriera" ho pubblicato diverse cose cercando di arrivare al cuore degli altri, il mio compito primario. Da quando ho conosciuto un grandissimo amico che arrangia ho iniziato a collaborare con lui regalandogli le mie parole e la mia voce alla sua musica. Abbiamo fatto uscire diversi singoli insieme.
Per i più curiosi lascio il mio canale YouTube chiamato: "Alessio Santella".
Un ringraziamento ad ogni nota che ha cullato la mia vita e che continua a farlo ogni giorno, con amore.

"Non aver paura" è uno dei miei testi per la musica.

Non aver paura

Avevi freddo in un caldo agosto,
Ti sei fermato in silenzio chiedendomi di
toccarti il volto
Tremavi dolcemente come una foglia stesa
al sole prima di cadere,
Avevi voglia di sognare e paura di annegare
In quell'acqua sterile che piange,
In quell'acqua fragile che arde

Ti porterò laddove è vivo il mondo e il cielo
è limpido
Poi ti darò ciò che più ami al mondo
nessuna regola
Ed io sarò sempre qui al tuo fianco, sempre
e per sempre accanto,
Non aver paura in questa notte di tempesta,
Non aver paura... tanto non c'è fretta.

Sentivi il mare in quel mese autunnale,
Hai scalato le montagne, con la tua voglia di
sognare,
Avevi voglia di sognare e paura di gridare,
In quel cielo pieno di di stelle,
In quel cielo che la notte ti riflette

Ti porterò laddove è vivo il mondo e il cielo
è limpido
Poi ti darò ciò che più ami al mondo
nessuna regola
Ed io sarò sempre qui al tuo fianco, sempre
e per sempre accanto,
Non aver paura in questa notte di tempesta,
Non aver paura... tanto non c'è fretta.

E se ci saranno giorni da aspettare, mesi da
correre in silenzio, io sarò con te nel tempo
che servirà.
E non pioverà per sempre, uscirà il sole
amore mio te lo prometto.

Corriamo adesso non c'è tempo.

Ti porterò laddove è vivo il mondo e il cielo
è limpido
Poi ti darò ciò che più ami al mondo
nessuna regola
Ed io sarò sempre qui al tuo fianco, sempre
e per sempre accanto,
Non aver paura in questa notte di tempesta,
Non aver paura... tanto non c'è fretta.

All'insicurezza che fa parte di ognuno di noi, soprattutto a quella del mio compagno. Che possa riuscire a renderlo più sereno possibile.